BEI GRIN MACHT SICH IHF
WISSEN BEZAHLT

- Wir veröffentlichen Ihre Hausarbeit,
  Bachelor- und Masterarbeit

- Ihr eigenes eBook und Buch -
  weltweit in allen wichtigen Shops

- Verdienen Sie an jedem Verkauf

Jetzt bei www.GRIN.com hochladen
und kostenlos publizieren

Bibliografische Information der Deutschen Nationalbibliothek:

Die Deutsche Bibliothek verzeichnet diese Publikation in der Deutschen National-
bibliografie; detaillierte bibliografische Daten sind im Internet über http://dnb.d-
nb.de/ abrufbar.

Dieses Werk sowie alle darin enthaltenen einzelnen Beiträge und Abbildungen
sind urheberrechtlich geschützt. Jede Verwertung, die nicht ausdrücklich vom
Urheberrechtsschutz zugelassen ist, bedarf der vorherigen Zustimmung des Verla-
ges. Das gilt insbesondere für Vervielfältigungen, Bearbeitungen, Übersetzungen,
Mikroverfilmungen, Auswertungen durch Datenbanken und für die Einspeicherung
und Verarbeitung in elektronische Systeme. Alle Rechte, auch die des auszugsweisen
Nachdrucks, der fotomechanischen Wiedergabe (einschließlich Mikrokopie) sowie
der Auswertung durch Datenbanken oder ähnliche Einrichtungen, vorbehalten.

Impressum:

Copyright © 2008 GRIN Verlag, Open Publishing GmbH
Druck und Bindung: Books on Demand GmbH, Norderstedt Germany
ISBN: 9783640498444

Dieses Buch bei GRIN:

http://www.grin.com/de/e-book/142068/konvergenz-der-medien

Isabella Aberle

Konvergenz der Medien

Änderung unseres Medienverhaltens durch Web 2.0

GRIN Verlag

GRIN - Your knowledge has value

Der GRIN Verlag publiziert seit 1998 wissenschaftliche Arbeiten von Studenten, Hochschullehrern und anderen Akademikern als eBook und gedrucktes Buch. Die Verlagswebsite www.grin.com ist die ideale Plattform zur Veröffentlichung von Hausarbeiten, Abschlussarbeiten, wissenschaftlichen Aufsätzen, Dissertationen und Fachbüchern.

Besuchen Sie uns im Internet:

http://www.grin.com/

http://www.facebook.com/grincom

http://www.twitter.com/grin_com

Zeppelin University

Department Corporate Management & Economics
CME.1063 Wirtschaftsinformatik B

Seminararbeit

Konvergenz der Medien

-

Änderung unseres Medienverhaltens durch Web 2.0

Bearbeitet von: Isabella Aberle

Studiengang: Corporate Management & Economics

Semester: Spring Semester 2008

Abgabedatum: 30.03.2008

Inhaltsverzeichnis

1. Vorbetrachtungen

1.1 Einleitung

„One thing is certain about the media: there is always something new"[1] – eine Aussage, der man trotz ihrer Einfachheit einerseits, und der Unsicherheit über die Entwicklungen der Zukunft andererseits, wohl kaum widersprechen kann. Doch wie steht es um eine Erscheinung, deren Einzug in die Freizeit- als auch Arbeitswelt bereits während der letzten zehn Jahren kontrovers diskutiert wurde, die Konvergenz der Medien?

Im Folgenden sollen, aufbauend auf einer Definition, zunächst verschiedene Herangehensweisen an das Phänomen der Medienkonvergenz dargestellt und anschließend eine Kategorisierung dieses multidimensionalen Konstrukts aufgezeigt werden. In einem nächsten Schritt wird das Medienverhalten der heutigen Zeit allgemein, sowie insbesondere unter dem Gesichtspunkt des Web 2.0 mittels der Aspekte Zeit und Zweck der Mediennutzung charakterisiert. Abschließend sollen anhand einer exemplarischen Betrachtung der Medien TV und Internet der hierbei vorherrschende Stand der Konvergenz erörtert, jedoch auch zukünftige Entwicklungen kritisch beleuchtet werden.

1.2 Medienkonvergenz - Definition und grundsätzliche Betrachtung

Zunächst stellt sich die Frage, was unter „Konvergenz der Medien" überhaupt verstanden wird. Allgemein umschreibt der Begriff Konvergenz eine Annähe-rung oder gar eine Übereinstimmung[2], im vorliegenden Fall eben zweier oder mehrerer Medien. Hinsichtlich der Medien, gemeinhin als Kommunikationsmittel verstanden, unterscheidet man im Wesentlichen zwischen Lese-, Hör- und Bildmedien, den sogenannten klassischen Medien, und dem Internet als im Rahmen dieser Arbeit fokussiertes neues Medium. Die Medienkonvergenz, die insbesondere seit 1998 kontinuierlich an Aufmerksamkeit gewann, allerdings

---

[1] Flack, 2005, S. 74.

[2] Der Brockhaus multimedial 2005.

bereits 1983 von de Sola Pool unter dem Begriff der „convergence of modes"[3] angedacht wurde, lässt sich unter zwei verschiedenen Gesichtspunkten betrachten: als Konzept und als Prozess.

Erstere Herangehensweise stützt sich grundlegend auf das Prinzip der Mediamorphose gemäß Fidler (1997). Dieses besagt, dass einerseits neue Medien in Abhängigkeit der bereits bestehenden Medien entstehen, andererseits jedoch die Medien älteren Datums beim Aufkommen neuerer sich ebenfalls weiterentwickeln und anpassen. Fidler sieht dabei die Konvergenz als eine der wichtigsten, wenn nicht sogar eine unabdingbare Grundlage für eine solche wechselseitige Transformation an. Allerdings ist in diesem konzeptionellen Rahmen eine vollkommene Verschmelzung zweier Medien, wie in der oben genannten Definition mit „Übereinstimmung" impliziert wird, nur dahingehen vorgesehen, dass sich neue Einheiten bilden. Es bestehen also - zumindest mittelfristig - beide Medien weiterhin fort und entwickeln sich und darüber hinaus ist die Möglichkeit gegeben, dass ein neues Medium, das aber eben nicht mit einem der ursprünglichen Medien gleichzusetzen ist, entsteht.

Setzt man den Fokus auf den Prozess der Medienkonvergenz, so lassen sich vor allem drei elementare Prozesse identifizieren. Als jene, die die Rahmenbedingungen gelegt haben, sind technologische Prozesse zu nennen. Diese wurden maßgeblich durch die Digitalisierung vorangetrieben. Des Weiteren haben soziale Prozesse, vor allem basierend auf dem Wandel der Bedürfnisse der Konsumenten, Einfluss auf das Konvergieren der Medien. Auf diese Aspekte wird im weiteren Verlauf dieser Arbeit noch näher eingegangen werden. Als dritte Art sind schließlich laut Erdal (2007) kulturelle Prozesse im Rahmen der Medienkonvergenz zu beobachten. Zwar handelt es sich hierbei grundsätzlich um ein globales Phänomen, jedoch sind beispielsweise auf Länderbasis verschiedene rechtliche Bedingungen für die Medienkonvergenz auszumachen.

---

[3] Jenkins, 2006; in: Erdal, 2007, S. 52.

1.3 Kategorien der Medienkonvergenz

Nicht zu verwechseln mit der vorangegangenen Untersuchung der Medienkonvergenz als Ganzes unter verschiedenen Blickwinkeln, ist eine Betrachtungsweise, die die Konvergenz als das Konvergieren verschiedener Teilelemente versteht. Hierbei lässt sich zunächst die Konvergenz der Inhalte anführen, sei es nun innerhalb eines Mediums, etwa zweier TV-Sender, oder zwischen zwei verschiedenen Medien wie beisspielsweise einer TV-Sendung und der dazugehörigen Internetseite. Als eine essentielle Errungenschaft, die diesen Mediengrenzen überschreitenden Fluss von Inhalten gewährt, ist wiederum die Digitalisierung zu nennen. Eng damit verbunden ist auch das von Moon (2001) angeführte Konvergieren der Form oder der Technik. Des Weiteren sind im Rahmen der Medienkonvergenz Veränderungen auf ökonomischer Ebene zu bedenken, beispielsweise institutioneller Art in Form von vertikaler Integration. Derartige Aspekte werden jedoch im Weiteren Verlauf dieser Arbeit nicht näher diskutiert, da der Schwerpunkt auf dem letztendlichen Medienverhalten, sprich der Kundenperspektive, liegen soll.

2. Änderung des Medienverhaltens

2.1 Charakterisierung unter zeitlichen Aspekten

Laut Ullrich & Wenger (o.J.) gilt es immer mehr Lebensbereiche zu organisieren und zu koordinieren, weshalb die zur Verfügung stehende Zeit zunehmend rückläufig ist. Betrachtet man allerdings die wirklich mit Medien verbrachte Zeit, so lässt sich hierbei ein gegenläufiger Trend feststellen, denn diese stieg in den letzten Jahren kontinuierlich an. In Zahlen lässt sich diese oftmals als „Mediatisierung des Alltags"[4] proklamierte Entwicklung daran festmachen, dass im Jahr 2005 über alle Altersklassen hinweg eine durchschnittliche Mediennutzung von zehn Stunden pro Tag verzeichnet wurde. Dies entspricht einem Anstieg um ca. 18% gegenüber dem Jahr 2000[5]. Die durchschnittliche Tagesnutzungsdauer

---

[4] Ullrich & Wenger, o.J., S. 2.
[5] Vgl. Riddler & Engel, 2005, S. 447.

von Personen ab 14 Jahren hinsichtlich der wichtigsten Medien lässt sich Abb. 0⁻ entnehmen.

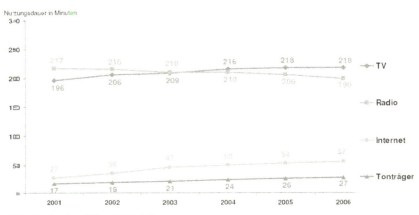

Abb. 01; Quelle: Müller, 2007, S.7.

Wie zu erkennen ist, ist im Zeitablauf das durchschnittliche Zeitbudget für TV als klassisches Bildmedium, sowie für Radio als klassisches Hörmedium, relativ konstant geblieben. Innerhalb der in Abb. 01 nicht aufgeführten Lesemedien fand eine Verschiebung vom Medium Zeitung hin zum vermehrten Lesen von Büchern und Zeitschriften statt.

Der wohl intuitiv erwartete Boom des Internets lässt sich anhand Abb.01 nur mäßig erkennen. So hat sich das Medienzeitbudget für das Internet in den Jahren 2001 bis 2006 zwar in etwa verdoppelt, allerdings scheint es dennoch weit unter TV und Radio zu liegen. Dass es trotzdem als ein Gewinnermedium im Kampf um die Mediennutzungsdauer bezeichnet werden kann, insbesondere mit dem ab ca. 2004 rasant zunehmenden Angebot an Web 2.0-Anwendungen, zeigt eine Betrachtung unterschiedlicher nach Alter aufgegliederter Bevölkerungsgruppen. Insbesondere die jüngere Generation wird von Diensten wie Instant Messaging - laut der JIM- Studie 2006[6] die häufigste Internetaktivität

---

[6] Jährlich vom Medienpädagogischen Forschungsbund Südwest durchgeführte Studie

überhaupt - angezogen und folglich steigt die von dieser Gruppe aufgewendete Zeit in absoluten als auch relativen Werten erheblich an. Im Jahr 2007 verbrachten Jugendliche im Alter von 16 bis 25 laut Bearne (2007) ganze 42% ihres Medienzeitbudgets auf das Internet, wodurch die klassischen Medien TV mit 29%, Radio mit 17% und Zeitung mit 11% weit abgeschlagen wurden.

2.2 Charakterisierung unter motivationalen und situativen Aspekten

Neben dem Aspekt der verwendeten Zeit läst sich ein weitere, wenn auch nicht vollkommen davon unabhängige Größe zur Beschreibund des Medienverhaltens identifizieren: der Zweck bzw. die Motive zur Mediennutzung. Grundsätzlich werden gemäß Trump, Klingler & Gerhards (2007) hierbei dem Fernsehen die Funktionen der Informationsgewinnung, der Unterhaltung sowie der Entspannung zugewiesen. Diesen Anforderungen genügt ebenfalls das Medium Radio, wenn auch der Schwerpunkt auf der Unterhaltung nebenbei oder unterwegs liegt. Zeitungen als hauptsächlicher Vertreter der alltäglichen Lesemedien werden hingegen als eine Quelle zur rationalen, vertiefenden Informationsgewinnung genutzt.

Vergleicht man nun diese eher traditionelle Aufgabenverteilung des Medienportfolios mit aktuellen, sozialen Prozessen und Bedürfnissen, wird in manchen Feldern ein mit den genannten klassischen Medien nicht gedeckter Bedarf deutlich. Als relevante gesellschaftliche Entwicklung gilt insbesondere ein im Vergleich zu früher höheres Selbstbewusstsein und ein daraus resultierender neuartiger Partizipationswille. Daran knüpft ein Bedürfnis nach Anerkennung und insgesamt mehr und mehr Kommunikation an. Aber auch der Wunsch möglichst überall und zu jeder Zeit einerseits erreichbar zu sein und andererseits selbst Zugriff etwa auf Informationen zu haben, ist zu nennen. Diesem Bedarf tragen die Web 2.0-Anwendungen, denen trotz ihrer Vielschichtigkeit die Merkmale Interaktivität, Dynamik und Dezentralität gemein sind, Rechnung.[7] So ermöglicht die aktive Nutzung von Social Software wie das bereits genannte

zur Thematik „Jugend, Information, (Multi-) Media".
[7] Hass, Walsh, & Kilian, 2008, S. 7.

Instant Messaging, Blogs, Foren, Wikis oder Social Bookmarking oder andere Möglichkeiten des Web 2.0 wie Video- und Fotocommunities oder Podcasts um nur einige zu nennen, ein hohes Maß an Beteiligung und Kommunikation, die zudem an keine Tages- oder Nachtzeit gebunden ist.

Der klassische Medienkonsument wird zunehmend zum Medienproduzenten – sofern er möchte. Denn auch wenn Web 2.0 gemeinhin als „Mitmach Web" deklariert wird, ist dem Nutzer dennoch in vieler Hinsicht eine eher traditionelle Herangehensweise an die Anwendungen im Sinne der klassischen Medien möglich. So kann etwa das Bedürfnis nach Information beispielsweise durch die passive Nutzung von Wikis oder der Wunsch nach Unterhaltung und Spaß durch die passive Nutzung von Videocommunities gestillt werden. Selbst auf das Radio als alt bekanntes Begleitmedium kann via Web-Radio im Internet jederzeit zugegriffen werden. Diese Möglichkeit, das Internet auch als Transportmedium einzusetzen, wird laut der Studie „Web 2.0 – Begriffsdefinition und Analyse der Auswirkungen auf das allgemeine Mediennutzungsverhalten" des Markt- und Medienforschungsinstitutes result von den knapp 70% der Web 2.0 Nutzer, die mindestens fünf Mal pro Woche Radio hören, immerhin „oft" in Anspruch genommen. Letztendlich liegt es also in hohem Maße am User selbst, inwiefern er das durch das Universalmedium Internet mögliche Konvergieren der Inhalte und der Form der Medien auch wirklich in die Tat umsetzt.
Dass außerdem, wie von Fidler angedacht, die ursprünglichen Medien trotz der Konvergenztendenzen zumindest zunächst nicht in ihrer Existenz bedroht sind, lässt sich beispielsweise anhand des Nutzungsmusters der Zeitung illustrieren. Diese wird von den Web 2.0 Nutzern der oben genannten Studie oftmals mit einer „ruhigen und ritualisierten Nutzungssituation wie [etwa] [...] am Wochenende" in Verbindung gebracht - und wertschätzend und nicht in Konkurrenz mit dem Internet genutzt.

2.3   Exemplarische Betrachtung - TV und Internet

Zur Illustration der ebenfalls von Fidler proklamierten wechselseitigen Transformation von Medien im Zeitablauf soll im Folgenden das Beispiel TV und

Internet herangezogen werden. Zweifelsohne scheint gerade beim Zusammen-spiel dieser beider Medien einiges in Bewegung zu sein. Mittlerweile bietet das Internet nicht nur Raum für Video-Plattformen wie beispielsweise YouTube, sondern auch die großen TV-Sender sehen in diesem neuen Medium ein Potential, das es zu nutzen gilt. Als einer der bekanntesten Vorreiter bietet BBC seit 2007 auf der BBC Website sowohl den Nachrichtenkanal BBC News 24 via Livestream, als auch den BBC iPlayer via Livestream oder Download an. Letzterer macht es möglich, TV-Sendungen ab einer Woche nach dem eigentli-chen Ausstrahlungstermin auf BBC innerhalb eines Zeitraums von 30 Tagen abzurufen. Es wird auf eindrückliche Weise deutlich, dass hier nicht nur eine Konvergenz der Inhalte par excellence anzutreffen ist, sondern auch, dass das Internet dem Wunsch nach zeitlicher Ungebundenheit nachkommt.

Doch auch umgekehrt findet eine Beeinflussung der Medien statt, denn das Internet trägt ebenfalls zur Veränderungen des Fernsehens bei. So ist nicht nur der Themenbereich IP-TV, Fernsehen via Internet-Protokoll, bzw. Triple- oder Quadruple-Play, dem Übertragen von Fernsehen, Telefon, Internet und gege-benenfalls Mobilfunk in einem einzigen Datenstrom, dabei, Fuß zu fassen.[8] Es kommt auch zunehmend die Diskussion über interaktives Fernsehen auf. Ein Beispiel hierfür ist etwa das System „My Own TV", an dem das Unternehmen Alcatel tüftelt und mit welchem „[die Verbreitung] selbst produzierter Fernseh-sendungen [über das Datennetz]"[9] möglich gemacht werden soll. Allein diese kurze Ausführung macht deutlich, dass es sich in der Tat um eine wechselseiti-ge Beeinflussung bzw. Anpassung, die Konvergenz der beiden Medien, han-delt. Außerdem wird es immer schwieriger, eine klare Trennung zwischen dem Konvergieren des Inhaltes und der Form aufrecht zu erhalten.

---

[8] Kerbusk, Rosenbach & Schulz, 2006, S. 84.

[9] Ahmia, 2006, S.13.

3. Kritische Betrachtung zukünftiger Entwicklungen

Konvergenz von morgen – intermediales Zusammenspiel oder „multimedialer Einheitsbrei"? Mit der Leichtigkeit, wie man der eingangs genannten Aussage bezüglich des konstanten Wandels der Medien zustimmen kann, lässt sich auf diese Frage jedenfalls keine Antwort geben. Als ein Trend, der teilweise bereits heute festzustellen ist, wäre allerdings die Weiterentwicklung speziell von mobilen Endgeräten hinsichtlich der Verfügbarkeit von Web 2.0-Anwendungen zu nennen[10]. Auf diesem Gebiet scheint die Konvergenz also im Vormarsch zu sein.

Dass ein „multimedialer Einheitsbrei" jedoch nicht als allzu wahrscheinlich einzustufen ist und Fidler mit seiner These bezüglich des Fortbestehens der einzelnen Medien vermutlich Recht haben wird, wird deutlich, wenn man sich erneut die motivationalen und situativen Aspekte der Mediennutzung vor Augen führt. Klassische Medien werden laut Ullrich & Wenger (o.J.) in den kommenden Jahren weiterhin dann bevorzugt werden, wenn etwa eine gemeinschaftliche Nutzung im Vordergrund steht. Zwar zeichnen sich die Web 2.0-Anwendungen ja durch ein besonderes Maß an Kommunikation und Interaktion aus, jedoch handelt es sich beispielsweise in Foren und Chats zumeist um eine identitätsbasierte Bindung[11]. Diese wird relativ schnell aufgebaut, jedoch bleibt sie oftmals auch nur oberflächlich. Beim Aufbau und der Festigung von interpersonalen Beziehungen wird folglich das globale und multidimensionale Konstrukt der Konvergenz einem heute klassischen Medium wie dem Fernseher der zu einer gemeinschaftlichen Nutzung einlädt, auch in Zukunft unterlegen sein.

4. Zusammenfassung

Der Ausgangspunkt dieser Arbeit bildeten verschiedene Herangehensweisen an das Phänomen der Medienkonvergenz. Unter konzeptionellen Gesichts-

---

[10] Vgl. Alby, 2007; in: Bohl, Manouchehri, & Winand, o.J., S. 35.

[11] Vgl. Sassenberg & Groningen, 2008, S. 60.

punkten ist das Prinzip der Mediamorphose gemäß Fidler von Bedeutung, wohingegen beim Fokus auf dem Prozess technische, gesellschaftliche und kulturelle Entwicklungen berücksichtigt werden sollten. Die Medienkonvergenz an sich lässt sich wiederum in die Elemente Inhalt, Form bzw. Technik und ökonomische Aspekte gliedern.

Es wurde erarbeitet, dass sich die Veränderung des Medienverhaltens in den letzten Jahren aufgrund von Web 2.0-Anwendungen dahingehend beschreiben lässt, dass sich über alle Generationen hinweg das Medienzeitbudget für Internet etwa verdoppelt hat. Bei Jugendlichen und jungen Erwachsenen ist ein drastischerer Anstieg auszumachen, weshalb hier mittlerweile die klassischen Medien unter zeitlichen Aspekten weit zurückliegen. Charakterisiert man die Mediennutzung unter motivationalen und situativen Aspekten, ist zu erkennen, dass insbesondere gesellschaftliche Entwicklungen dem Konvergieren der Medien Aufschwung verschafft haben, da Web 2.0-Anwendungen diesen neuartigen Bedarf decken. Das Bedürfnis etwa nach Interaktivität wurde auch im Rahmen der exemplarischen Betrachtung des Konvergierens der beiden Medien TV und Internet umrissen.

In der Zukunft wird allem Anschein nach die Medienkonvergenz durch die Weiterentwicklung insbesondere von mobilen Endgeräten vorangetrieben werden. Bedenkt man allerdings Gesichtspunkte wie gemeinschaftliche Nut- zung, so scheinen Web 2.0-Anwendungen den klassischen Medien unterlegen zu sein, weshalb hier kein forciertes Fortschreiten der Konvergenz zu erwarten ist. Zweifelsohne bleibt es spannend – denn frei nach Flack steht wohl weiterhin einiges Neues in der Medienwelt an!

L teratur

A mia, T. (09.03.2006). Das Internet ist überall. *Taz,* 13. Entnommen am 13. 03.2008 von LexisNexis.

Bächle, M. (2008). Ökonomische Perspektiven des Web 2.0. Open Innovation, Social Commece and Enterprise 2.0. *Wirtschaftsinformatik 50*(2008) 2. Entnommen am 08.03.2008 aus dem Intranet.

BBC iPlayer. *About BBC iPlayer.* Entnommen am 15.03.2008 von http://iplayersupport.external.bbc.co.uk/cgi-bin/bbciplayer.cfg/php/ enduser/ std_ alp.php?cat_lvl1=1.

Bearne, S. (29.11.2007). Young adults spend 40% more of their time online than watching TV. *New Media Age*, 15. Entnommen am 10.03.2008 von Ebsco.

Bonl, O., Manouchehri, S., & Winand, U. (o.J.). Unternehmerische Wertschöpfung im Web 2.0. *HMD 255*, 27.35. Entnommen am 15.03.2008 aus dem Intranet.

Der Brockhaus multimedial 2005. *Konvergenz*. Bibliographisches Institut & F.A. Brockhaus AG, 2005.

Bundesministerium für Wirtschaft und Technologie. *Konvergenz der Medien – Zukunft der Netze und Dienste*. Entnommen am 15.03.2008 von http://www.bmwi.de/BMWi/ Navigaton/Service/publikationen,did=22 8120.html.

Cameron, G., Choi, Y., Jin, Y., & Fidler, R. (2005). Convergence, New Media, and Information Processing: Testing the Effects of a Tablet PC based E-Newsbook on Processing and Evaluating News. *International*

Communication Association, Conference Paper 2005, 1-13. Entnommen am 13.03.2008 von Ebsco.

Dupagne, M., & Garrison, B. (2006). The meaning and influence of convergence. A qualitative case study of newsroom work at the Tampa News Center. *Journalism Studies* 7(2), 237-255. Entnommen am 10.03.2008 von Ebsco.

Erdal, I. (2007). Researching media convergence and crossmedia news production. Mapping the field. *Nordicom Review* 28(2), 51-61. Entnommen am 13.03.2008 von Ebsco.

Flack, J. (2005). Phones, Games and Virtual Worlds. *Screen Education* 37(2005), 74-79. Entnommen am 10.03.2008 von Ebsco.

Gerhards, M., & Klingler, W. (2007). Mediennutzung in der Zukunft. *Media Perspektiven* 6(2007), 295-309. Entnommen am 10.03.2008 von Ebsco.

Harrison, A. (2008). Broadband strategy reaches overload as TV goes online. *Marketing Week*, 15, 21.02.2008. Entnommen am 15.03.2008 von Ebsco.

Hass, B., Walsh, G., & Kilian, T. (Hrsg). (2008). Web 2.0. *Neue Perspektiven für Marketing und Medien.* Berlin/Heidelberg: Springer.

Huang, E., Davison, K., Shreve, S., Davis, T., Bettendorf, E., & Nair, A. (2006). Bridging newsrooms and classrooms: Preparing the next generation of journalists for converged media. *Association for Education in Journalism and Mass Communication.* 221-262. Entnommen am 13.03.2008 von Ebsco.

Ferbusk, K., Rosenbach, M., & Schulz, T. (13.02.2006). Alles wächst zusammen. *Der Spiegel 7*(2006), 84. Entnommen am 13.03.2008 von LexisNexis.

Medienpädagogischen Forschungsverbunds Südwest. *JIM-Studie 2006. Jugend, Information, (Multi-) Media. Basisuntersuchung zum Medienumgang 12- bis 19-Jähriger.* Entnommen am 10.03.2008 von http://www.mpfs.de/fileadmin/JIM-pdf06/JIM-Studie_2006.pdf.

Menon, S. (2006). Policy initiative dilemmas on media convergence: A cross national perspective. *International Communication Association, Conference Paper 2006,* 1-35. Entnommen am 13.03.2008 von Ebsco.

Müller, D. (2007). *Mediennutzung im Wandel.* ARD-Werbung Sales & Services/AS&S Media Akademie 2007. Entnommen am 10.03.2008 von http://www.media-akademie.de/praesentationen/pdf/1_Mediennutzung _im_Wandel.pdf.

Riddler, C., & Engel, B. (2005). Massenkommunikation 2005: Images und Funktionen der massenmedien im Vergleich. *Media Perspektiven 9*(2005), 422-448. Entnommen am 10.03.2008 von Ebsco.

Sassenberg, *K., & Groningen, R. (2008).* Web 2.0. Neue Perspektiven für Marketing und Medien. Berlin/Heidelberg: Springer.

Trump, T., Klingler, W., & Gerhards, M. (2007). *Web 2.0 - Begriffsdefinition und eine Analyse der Auswirkungen auf das allgemeine Mediennutzungsverhalten.* Grundlagenstudie des Markt- und Medienforschungsinstitutes result in Zusammenarbeit mit der Medienforschung des Südwestrundfunks. Entnommen am 10.03.2008 von http://www.v-i-r.de/cms/upload/downloads/Web-2.0-Studie-result-SWR-Februar-2007.pdf.

Ullrich, K., & Wenger, C. (o.J.). Always on und Just-in-time. Zukünftige Mediennutzung – Medien in der Zukunft. *Planung & Analyse/Deutscher Fachverlag*, 1-10. Entnommen am 10.03.2008 von http://www.g-i-m.com/file/20071127134501gimzukuenftige medien _ullrich_ wenger_507.pdf.

www.ingramcontent.com/pod-product-compliance
Lightning Source LLC
Chambersburg PA
CBHW031235050326
40689CB00005B/1620